Lesebuch 3. Klasse

Meine besten Fußballgeschichten

Fußballabenteuer für Kinder ab 8 Jahren

(Lesebuch 3. Klasse)

Tabea Désirée Bringewatt

THIER MEDIA VERLAG

Unser gesamtes lieferbares Programm und weitere Informationen zu unseren Büchern und unserem Verlag findest du auf unserer Website und in den sozialen Netzwerken.

www.thier-media.de
feedback@thier-media.de
@thiermediaverlag

Wenneberg 14, 48653 Coesfeld
Vertreten durch Fabian und Julian Thier

Titel: Meine besten Fußballgeschichten
Erste Auflage: März 2022
Aktuelle Auflage: April 2023

ISBN 978-3-98876-036-4 (Taschenbuch)
ISBN 978-3-98876-037-1 (gebundene Ausgabe)
ISBN 978-3-98876-041-8 (E-Book)

Geschichten: Tabea Désirée Bringewatt
Umschlagsillustrationen: Nikhila Anil
Textillustrationen: Lekshmibose/Fiverr
Korrektorat: Claudia Schulz
Konzeption: Thier Media Verlag
Umschlagsgestaltung: Julian Thier
Layout und Satz: Fabian Thier
Druck und Bindung: Amazon Logistics
Druck in Leipzig (DE) und Breslau (PL)

Bilddatenbanken
https://www.canva.com
https://www.pexels.com
https://www.pixabay.com

Dinos und Überraschungen

Piet hat richtig schlechte Laune. Sein Vater hat ihn wegen einer Geschäftsreise mal wieder bei Tante Lina geparkt. Das ist eigentlich nicht schlimm. Piet hat Tante Lina gern. Sie ist immer lustig, macht jeden Quatsch mit und sie backt die besten Pfannkuchen der Welt. Er verbringt immer mal wieder ein paar Tage bei ihr, wenn Papa keine Zeit hat. Er hat sogar immer ein eigenes Zimmer gehabt. Und von Tante Linas

Wohnung kann man sogar auf den Sportplatz gucken. Aber jetzt wohnt Großonkel Roland bei Tante Lina. Deshalb muss Piet auf der Couch im Wohnzimmer schlafen. Die ist ganz knubbelig und durchgesessen. Und Großonkel Roland ist alt. So richtig alt. „Ich gehe nicht zu dem Dino!“, hat Piet gemotzt.

Papa hat ihn in den Arm genommen. „Es geht doch nicht anders, Pietipiet! Ihr werdet euch bestimmt zusammenraufen. Großonkel Roland ist zwar ein wenig still, aber wenn ihr euch näher kennenlernt, versteht ihr euch bestimmt prima.“ Das ist so etwas, das Erwachsene sagen, wenn sie wollen, dass man ruhig ist und brav mitmacht. Aber Piet will nicht brav mitmachen. Er kennt Großonkel Roland nur von Familienfeiern bei Tante Lina.

Da sitzt er den ganzen Abend in der linken Sofaecke, sagt kein Wort, trinkt kalten Kaffee und bewegt sich nicht. Kann der bestimmt gar nicht mehr, so alt wie der ist, der Dino. Aber es hilft alles nichts – Piet muss zu Tante Lina. Sein Vater liefert ihn am nächsten Morgen ab, drückt ihm einen Kuss auf und sagt aufmunternd: „Du kannst doch auf den Sportplatz, ein wenig kicken!“ Ja toll! Es sind Pfingstferien und keiner aus seiner Mannschaft ist in der Stadt geblieben. Alle machen Familienbesuche oder Ausflüge oder sonst was. Nur er, Piet, sitzt ganz allein zuhause herum, mit einem stummen Dino an seiner Seite. Ganz klasse! Bestimmt muss er Großonkel Roland den ganzen Tag kalten Kaffee einschenken und ein

Deckchen über die Knie legen. Als Piet bei Tante Lina in die Wohnung kommt, riecht es ganz anders. Irgendwie nach Rasierwasser und kaltem Kaffee und alt. Aber Tante Lina begrüßt ihn gut gelaunt: „Wird Zeit, dass du kommst! Sonst schmilzt das Eis!", grinst sie und sie löffeln gleich drauf los. Großonkel Roland sitzt in der Ecke und sagt nichts. Immerhin hat er Piet kurz zugenickt. Tante Lina erzählt und lacht und macht Witze und es könnte fast so sein wie immer – wenn da nicht in Piets linkem Augenwinkel der Dino hocken würde. Piet ist richtig böse auf ihn. Denn ihm fällt auch noch ein, dass er den Fußball zuhause liegen gelassen hat. Alles nur wegen Großonkel Roland! „Oder was meinst du, Piet?“, dringt da Tante Linas Stimme an sein Ohr. Huch, er hat gar nicht mehr zugehört. Aber das will er vor dem Dino nicht zugeben. Der guckt ihn so stumm und streng an. „Jaja“, sagt er deswegen hastig und Tante Lina nickt erfreut. „Klasse.“

Als Piet am nächsten Morgen wach wird, ist alles anders. Kein Pfannkuchenduft, der ihn weckt. Keine Tante Lina, die singt. Dafür findet er auf dem Küchentisch einen Zettel: „Hi, ihr Zwei! Macht es euch nett. Kussi, Lina!“ Tante Lina ist heute weg? Und er allein mit dem Dino? Wieso denn das? Wahrscheinlich hat sie es gestern beim Eisessen erzählt, als Piet nicht aufgepasst hat.

An allem ist der Dino Schuld! Kein Fußball, keine Tante Lina! Wütend lässt sich Piet auf einen Stuhl fallen. Hunger hat er auch. Ob er kurz zum Bäcker geht? Ein Hörnchen wird seine Laune heben. Auf der Treppe – gerade als die Wohnungstür ins Schloss fällt – springt Piet der Gedanke an, dass er ja gar keinen Schlüssel mehr hat für Tante Linas Wohnung. Den hat jetzt der olle Dino. Nun ist ihm der Appetit auf Hörnchen auch noch vergangen. Wütend kickt er einen Stein vor sich her, der einmal quer über die Straße schießt und zwischen zwei parkenden Autos verschwindet. „Tor!" ruft da eine heisere,

tiefe Männerstimme. Erstaunt guckt Piet sich um. Als er niemanden sieht, geht er unschlüssig weiter. Er entdeckt eine alte Coladose. Ob er es schafft, die in den Mülleimer zu schießen? Er nimmt Anlauf, zögert, versucht es noch mal und Zack! Treffer! Versenkt! „Toooooor!", brüllt da wieder diese Stimme. Sie kommt vom Sportplatz gegenüber. Und da sieht Piet es: Hinter dem Baum steht der Dino – im Sportanzug und mit Fußball vor sich. „Was, was machst du denn da?“ fragt Piet baff. „Na, das Gleiche wie du: kicken. Aber ich benutze einen Ball dafür! Willst du mitmachen?“ Rennen kann der Dino nicht mehr so schnell, aber im Tor ist er prima. Libero bei der Dorfjugend war er und auch als Erwachsener hat er noch im Verein gespielt. Er zeigt Piet ein paar tolle Tricks und still ist er überhaupt nicht mehr: „So Junge, Trainingspause. Jetzt mache ich uns Pfannkuchen!“ Es wird ein tolles Pfingstwochenende!

Pflichten

Die Luchse stehen da, wie begossene Pudel. Marek, Timo, Juri und all die anderen stehen vor Herrn Kessler, dem Hausmeister der Schule. „Ihr wisst doch, dass eure Fußballmannschaft den Platz nur nutzen darf, wenn ihr euch vernünftig darum kümmert. Und was ist das?" Er deutet auf die Grünfläche, die an das Schulgebäude angrenzt. Das Gras ist hochgewachsen, die weißen Linien sind kaum noch zu sehen. Das eine Tor steht schief, weil Marek daran geturnt hat und an den Seiten liegen Bonbonpapiere, eine Bananenschale und ein zerrissenes Matheheft, von dem keiner weiß, wie es dahin kommt. „Von der Umkleide will ich gar nicht reden.“ Die Luchse dürfen als Schulmannschaft auch die Sportumkleide von der Turnhalle benutzen. Nach vielem Hin und Her hat Frau Eder, die Direktorin, erlaubt, dass Herr Kessler den Luchsen einen eigenen Schlüssel gibt.

Jeder von ihnen wollte den mal haben. Kann sein, dass da im Trubel mal vergessen wurde, richtig abzuschließen. Und es kann auch sein, dass die Jungs vor Begeisterung mal etwas zu sehr mit Wasser und Schaum gepanscht haben. Und die Umkleide etwas chaotisch aussah. Aber sooooo schlimm, wie Herr Kessler tut, ist es jetzt auch nicht, oder?

„Wir müssen uns auf euch verlassen können“, sagt Frau Eder, die jetzt zu den Jungs und dem Hausmeister hinzutritt. „Das war so abgesprochen. Ihr wisst doch: Wer Rechte möchte, der muss auch seine Pflichten erfüllen.“ Pflichten. Was für ein langweiliges Erwachsenenwort. „Wir haben aktuell keine Person, die eure Rolle als Trainer übernehmen kann, seitdem Herr Özmek in den Ruhestand gegangen ist. Ihr habt gesagt, dass die Luchse alt genug sind, um sich selbst zu organisieren. Aber ich schätze, ihr habt euch übernommen." Frau Eder macht eine Pause und sieht sehr müde aus. „Ich finde es sehr schade, dass das nicht geklappt hat." Die traurige Miene ist

fast schlimmer auszuhalten als das Donnerwetter von Herrn Kessler. „Am Montag kommt die Schulbehörde. Wie es scheint, muss Herr Kessler sein Wochenende opfern, um hier alles wieder in Ordnung zu bringen." Der Hausmeister grummelt etwas nicht sehr Freundliches. Er wirft den Jungen grimmige Blicke zu. Marek guckt auf seine Schuhspitze, Juri malt mit dem Fuß Kreise auf den Boden und Timo blinzelt. „Ich befürchte, das bedeutet, dass die Luchse erst mal keine weiteren Trainingseinheiten hier machen werden." „Was meinen Sie?", fragt Marek vorsichtig. „Die Frau Direktor meint, dass es sich ausgekickt hat!", knurrt der Hausmeister. Frau Eder nickt ernst.

Die Jungs wollen widersprechen, trauen sich aber nicht, als sie den Blick der Direktorin sehen. „Mistmistmist!", schimpft Marek, als sie allein auf dem Platz zurückbleiben. „Pflichten! Erwachsene verstehen keinen Spaß!", ruft Nico. „Und wir haben ja nur etwas das Abschließen und Aufräumen vergessen!", meint Kai. Die Jungs weichen einander mit den Blicken aus. Eigentlich wissen sie, dass sie es verbockt haben.

„Naja, jetzt ist es halt aus mit unserem Team..." seufzt Juri. Die anderen nicken. Nur Marek kaut nachdenklich auf seiner Unterlippe. „Und was ist, wenn wir sie von uns überzeugen?" „Was meinst du?" „Halt mit diesem Pflichtendingsbums. Wir können doch alles saubermachen." In Juris Gesicht breitet sich ein Lächeln aus. „Und dann sieht Herr

Kessler, dass wir uns doch kümmern können." „Und Frau Eder lässt uns wieder hier spielen und alles!" Die Jungs schauen sich mit neuem Mut an. „Probieren wir es aus?", ruft Marek und hält seine Hand in die Mitte, wie vor einem Spiel bei einer Teambesprechung. Die anderen legen ihre Hände obenauf: „Wir probieren es!" So kommt es, dass die Luchse

ihr Wochenende nicht wie sonst mit Fußball, Faulenzen oder Videospielen verbringen, sondern mit Mülltüten, Putzeimern und Gartenscheren. Die Jungs haben allen Müll aufgesammelt und die übervollen Abfalleimer am Spielrand und in der Umkleide geleert. Sie haben den Waschraum gewienert und die Spinde in der Umkleide geputzt. Nirgendwo liegt mehr auch nur ein Bonbonpapierchen, keine Seifenreste kleben auf den Fliesen und keine verirrten Socken oder Mathehefte verunstalten den Platz oder die Kabine. Mareks Papa hat den Rasen gemäht und Timos Mutter hat geholfen, die Büsche an den Seiten in Schuss zu bringen.

Das hätten sie zwar gar nicht machen müssen, aber dadurch sieht alles noch schicker aus. Zudem haben sie gemeinsam mit dem großen Bruder von Juri die weißen Linien auf dem Spielfeld nachgezogen. Ihr Platz sieht aus wie aus einer Fußballzeitschrift. Der Anblick erfüllt die Luchse mit Stolz und lässt all die harte Arbeit schnell vergessen. „Alles Training!“, grinst Marek, als Nico über drohenden Muskelkater meckert.

Als Herr Kessler Samstagnachmittag missmutig auf dem Platz ankommt, packen die Luchse gerade zusammen. Der Hausmeister ist so verdutzt, dass er die Direktorin anklingelt. Die kommt überraschend schnell und muss schmunzeln: „Ich glaube, die Luchse haben etwas ganz Wichtiges verstanden.“ Herr Kessler nickt. Mit offenem Mund kann er nicht sprechen. Und die Luchse brechen in Freudengeheul aus, denn sie dürfen wieder auf dem Platz bolzen – mit der Pflicht zum Spaßhaben!

Siegertorte für Verlierer

Benno spielt Fußball und das schon seit dem Kindergarten. Mittlerweile geht er in dritte Klasse der Grundschule Südstadt. Weil er so gut ist, darf er aber bei den Großen aus der 4. Klasse mitspielen. Sie nennen sich 'Die Giganten' Darauf ist er mächtig stolz. Mattis und Anatol spielen dagegen bei den Kleinen aus der 2. Klasse mit, weil in ihrer Klasse keine anderen Kinder Fußball spielen. Die Mannschaft nennt sich

'Südstädter Zwerge'. Diesen Freitag findet ein großes Fußballturnier statt. Alle Mannschaften der Grundschule Südstadt werden gegeneinander antreten. Danach gibt es ein großes Fest auf dem Sportplatz – mit Essen, Limonade und Musik. Die Bäckerin von Südstadt macht zur Feier des Tages eine riesige Torte.

Benno hat schon ein kleines Modell gesehen, als er am Wochenende mit Mama Brötchen holen war. Als Verzierung will Bäckerin Mehlbaum kleine Fußbälle aus Marzipan rollen. Die Torte wird klasse aussehen. Groß und bunt und lecker – eben wie eine richtige Siegertorte. „Machen Sie die Fußbälle mal lieber aus Schokolade“, hat Benno Frau Mehlbaum vorgeschlagen. Die Bäckerin hat erstaunt die Augenbrauen hochgezogen.

„Ja, aber warum denn?“ „Das mag ich lieber“, hat Benno gesagt. Frau Mehlbaum hat gelacht und „So so...“ gesagt, aber Mama hat mit dem Kopf geschüttelt. „Du weißt doch gar nicht, ob der Sieger nicht lieber Marzipan mag.“ „Doch, na klar. Ich weiß doch, was ich mag.“ Da hat Mama geseufzt. „Schau mal, Benno. Ich wünsche dir natürlich, dass deine

Mannschaft gewinnt. Aber es kann auch sein, dass eine andere Mannschaft gewinnen wird.“ Benno hat gelacht. „Wer denn? Die Zwerge oder die Miniminis?“ „Macht euch keine Sorgen!“ sagt Benno am Montag in der Pause großmütig zu Anatol und Mattis. „Ich gebe euch natürlich was von meiner

Torte ab.“ „Deiner Torte?“, fragt Mattis erstaunt. „Wieso deiner Torte?“ „Das ist doch die Torte für die Sieger“, weiß Anatol. „Ja, eben!“, ruft Benno. „Und das sind ja wohl wir, die Giganten.“ Die anderen gucken ihn komisch an, aber dann schellt es und die Pause ist vorbei. Am Mittwoch ist

Fußballtraining. Das letzte Mal vor dem Schulturnier. Frau Kahde, ihre Trainerin, scheucht die Giganten über den Platz. Benno ist ganz aus der Puste. Aber der Gedanke an die Torte und den Applaus der anderen Kinder hält ihn munter. „Gut gemacht, Benno!“, ruft Frau Kahde. Benno grinst stolz: „So spielen Gewinner halt!“ „Na, erst müssen wir uns Sieg und Torte ja noch verdienen“, antwortet Frau Kahde. Benno lacht bloß.

Am Donnerstag geht Benno immer mit seinem Cousin Sascha nach Hause, weil Papa und Mama länger arbeiten müssen. Normalerweise findet Benno das toll. Aber heute nicht, denn es gibt Steckrübeneintopf. Das schmeckt so blöd wie es klingt. „Wenn du zu meinem Turnier kommst, gebe ich dir ganz viel Torte!“, flüstert Benno, als er und Sascha in den Tellern rühren.

„Du kannst doch keine Torte verschenken, die du noch gar nicht gewonnen hast!“ lacht Onkel Bertram. „Wieso?“ fragt Benno wieder. „Wer soll sonst gewinnen? Die Zwerge oder die Miniminis?“ „Ich habe neulich mit denen gekickt aus der Zweiten. Die sind ganz schön gut“, meint Sascha. „Pfft!“, macht Benno. Was weiß der schon? Am nächsten Tag ist es endlich so weit. Zuerst spielen die Zwerge und die Miniminis. „Komm zuschauen!“, ruft Sascha und winkt Benno zu sich. Aber Benno hat keine Lust, sich das lahme Spiel der Babys anzugucken. Lieber wirft er noch einen Blick auf die tolle

Torte, die Frau Mehlbaum eben auf dem langen Tapeziertisch unter dem Vordach der Schule aufgebaut hat. Dann ist seine Mannschaft an der Reihe. Die Miniminis schlagen sie locker. Benno kommt nicht mal ins Schwitzen. Nach einer kurzen Pause beginnt das entscheidende Spiel. Die Zwerge gegen die

Giganten. Aber was ist da nur los? Warum rennen die Zwerge auf einmal so schnell? Und war Mattis nicht immer ungeschickt bei weiten Schüssen? Seit wann kann der tollpatschige Anatol so gut Bälle halten?! An ihm geht kein Schuss vorbei ins Tor. Benno traut seinen Augen nicht. Die Zwerge haben schon zwei Tore geschossen und seine Mannschaft hat das bisher nicht geschafft. Die Zeit läuft ab und Benno wird nervös. Er schimpft und diskutiert auf dem Platz.

Als Frau Özmir, die Direktorin, das Spiel abpfeift, will Benno gar nicht hören, was sie jetzt verkündet. Er rennt an ihr vorbei! Vom Feld runter direkt zur Torte. Oh, diese blöde Torte! Am liebsten würde er sie umwerfen und alle kleinen Fußbälle zertreten. Aber das traut er sich nicht. Stattdessen versteckt er sich hinter dem Klettergerüst.

Die Giganten haben verloren. Gegen die Zwerge! Und er hat so fürchterlich angegeben! Alle werden ihn auslachen! Und Torte bekommt er auch keine! „Benno! He, Benno!“ Sascha steht mit einem Mal vor ihm. „Hier bist du!“ Benno dreht sich weg. Er schämt sich. Da tauchen auch Mattis und Anatol auf, mit vier Papptellern in der Hand. „Gutes Spiel!“, ruft Anatol. „Hat Spaß gemacht“, meint Mattis und hält ihm einen Teller hin. Benno lächelt vorsichtig und die anderen lächeln zurück. Sascha drückt ihm eine Gabel in die Hand. „Ihr habt toll gespielt“, druckst Benno. Er musste anerkennen, dass er gegen die Zwerge verloren hatte. Er war übermütig gewesen und hat seinen Gegner unterschätzt. Und dann mampfen sie alle gemeinsam die Siegertorte – weil es nämlich nicht ums Gewinnen geht, sondern um das gemeinsame Spiel.

Talent

In seiner Familie ist Max ein Alien, ein Außerirdischer. Halt! Stopp! Zurück! Natürlich ist Max kein echter Außerirdischer. Er ist ein Junge, genau wie du. Aber er ist eben anders als der Rest seiner Familie. Seine Mama spielt Harfe. Das ist so ein großes Instrument mit Saiten, das die Engel immer spielen. Mama kann das so gut, dass sie damit Geld verdient. In der Zeitung steht immer, dass sie 'unheimlich talentiert ist'. Talent heißt, dass jemand eine Begabung hat, also etwas richtig gut kann. Der Papa von Max singt im Chor und er bringt anderen Erwachsenen und Kindern auch bei, wie sie singen können. Er trällert den ganzen Tag. Das ist meistens lustig, aber manchmal nervt es, obwohl auch Max' Papa sehr talentiert ist. Der große Bruder von Max heißt Torben und er spielt Schlagzeug. Früher war das nur laut, aber jetzt ist er richtig gut. Er hat nämlich auch Talent. Ja, und seine kleine Schwester Talea, die ist ein Ass an der Geige. Sie ist noch ganz klein, aber ihr Spiel ist schon ganz groß, sagen die Erwachsenen.

Max findet das auch und er ist sehr stolz auf Talea und Torben und auch auf Mama und Papa. Und Max selbst? Tja, der kann auch gut singen und Geige spielen. Genau wie Talea hat er damit nämlich angefangen, als er ganz klein war. Papa und Mama können sie ja alle direkt daheim unterrichten und es stehen überall Instrumente und Notenblätter herum.

Das ist praktisch und da bei ihnen zuhause immer jemand irgendwas übt, stört sich auch keiner daran. Er hat auch so ein Talent und deshalb übt und spielt und singt er jeden Tag. Das Problem ist nur, dass ihm das Ganze gar keinen richtigen Spaß mehr macht. Klar, es ist schön, mal ein Lied zu singen oder auch mal ein paar Takte zu spielen. Auf stundenlanges Üben mit Papa, Wettbewerbe, Auftritte und Notenlesen mit Mama hat Max aber so gar keine Lust. Es gibt allerdings etwas, darauf hat er Lust. Etwas, was er sonst nie macht. Nichts Verbotenes, nein, nein. Aber es ist doch ziemlich wild und verwegen für

Max, denn dafür hat er kein Talent. Luki und Tino haben ihn wie immer gefragt, ob er beim Fußballspielen mitmachen möchte. Da sagt Max sonst immer nein, weil er sich ja verletzen könnte und dann könnte er nicht zum Proben oder zu einem Auftritt und das ist ja nicht so gut. Aber jetzt, da

kribbelt es so in seinem Bauch. Seine Füße wollen unbedingt aufstehen und zu den anderen rüber gehen. Also sagt er ja. Seine Füße stiefeln wie von selbst zum Bolzplatz hinter der Pausenhalle. Max hat schon oft zugesehen, aber er selbst hat noch nie gekickt. „Waaas?", fragt Tino erstaunt. „Du hast wirklich noch nieeeee Fußball gespielt?"

Max schüttelt mit dem Kopf. Der wird rot, weil Tino kichert. „Na und?!", ruft Luki und sagt zu Tino, „Max hat halt immer Musik gemacht. Kannst du vielleicht Geige spielen?" Da wird Tino rot und guckt verlegen weg. Luki wirft Max den Ball zu, direkt vor seine Füße. „Probier es mal!" Max weiß nicht richtig, was er machen soll. Alle gucken ihn an. Muss er einfach dagegentreten oder Anlauf nehmen?

Es ist komisch, etwas zu tun, wenn man so gar nicht weiß, wie es geht. Beim Musikmachen geht es immer wie von selbst. Da hat er ja auch Talent. „Einfach dagegentreten", erklärt Jona. „Guck, so!" Und er macht Max vor, wie er gegen den Ball treten soll. Max nimmt allen Mut zusammen und tritt gegen den Ball. Viel zu vorsichtig, denn der rollt nur ganz zaghaft ein paar Schritte über den Boden. „Ruhig ein wenig fester. Der geht nicht so schnell kaputt wie deine Fidel!", brummelt Tino und klopft Max aufmunternd auf die Schulter. Also nimmt Max ein wenig Anlauf und donnert seinen Fuß gegen das Leder. Im ersten Moment tut es ein wenig weh. Max ist erstaunt, wie hart der Ball ist. Noch erstaunter ist er allerdings,

wie weit der Ball jetzt fliegt. Er saust durch die Luft, an zwei Mädchen aus der 3. Klasse vorbei bis hinter die Mülltonnen. „Wow!" macht Luki ehrfürchtig und auch die anderen recken die Daumen hoch. „Gut gemacht, Maxi!", grinst Luki. „Wenn der Ball jetzt noch auf dem Spielfeld bleibt, kannst du gern mitspielen.“ Und Max macht mit. Er spielt die ganze Pause mit. Er ist überhaupt nicht gut mit dem Ball. Die anderen spielen viel besser als er. Aber das ist ihm egal. Als Tino und Luki Max nach der letzten Stunde fragen, ob er am Nachmittag in den Park kommen mag zum Kicken, kitzelt es in seinem Bauch. Und er sagt ja – gleich nach der Gesangsstunde wird er zu den anderen gehen. Denn Fußballspielen, das ist etwas Besonderes. Er macht es vielleicht ohne jedes Talent, aber dafür mit jeder Menge Spaß!

Mut

Leon hat ein mulmiges Gefühl im Bauch. Gerade hat er den Klassenraum verlassen. Sechs Wochen Sommerferien strecken sich vor ihm in der flimmernden Junisonne aus. Aber Leon freut sich kein bisschen. Er ist ganz allein, denn er ist einfach immer schüchtern. Die anderen Jungs fragen dann irgendwann auch nicht mehr, ob er mitkommen will zu wilden Kletterpartien oder Skateboard fahren oder so. Die ersten zwei Tage verbringt Leon in seinem Zimmer. „Was hältst du denn von den Ferienspielen?“, fragt Papa ihn abends, als sie zusammen auf der Gartentreppe sitzen und Gurkenbrote essen. „Mmpf!“, mümmelt Leon und hofft, dass Papa nicht weiter fragt. „Mmpf“ könnte 'Mal sehen' heißen oder 'Ja, vielleicht', aber eigentlich meint Leon: „Das traue ich mich doch nie. Da sind fremde Kinder und dann lachen mich alle aus. Nein danke!“

Aber Papa versteht ihn wohl nicht. „Klasse, dann melde ich dich gleich morgen an!“ Es ist also beschlossen. Leon muss zu den Ferienspielen. Da gehen viele Kinder aus dem Ort hin, die nicht in die Ferien fahren. Leon hat sich da noch nie hingetraut, so allein. Bestimmt kennen die sich alle und bestimmt machen die Sachen, die er nicht kann.

Papa ist ganz begeistert von der Idee. „Vielleicht lernst du da ja andere nette Kinder kennen!“, freut er sich und geht am nächsten Montag mit strammen Schritten zur Mehlgasse. Hier ist der Jugendtreff, wo die Ferienspiele jedes Jahr stattfinden. Leon geht immer langsamer. Seine Füße kleben fast am Boden fest. Ob er sich irgendwo verstecken kann? Aber nein, da geht sein Vater schon auf eine freundlich aussehende Frau zu. Das ist die Leiterin der Ferienspiele, die Tanja. Tanja begrüßt ihn herzlich und nimmt ihn dann mit zu einer Gruppe von Kindern in seinem Alter. „Alle mal herhören. Das ist Leon. Leon ist 8 Jahre alt und macht ab heute bei uns mit.

Willkommen Leon!“ Leon findet es gut, dass es keine übliche Vorstellungsrunde gibt. Alle rufen nur 'Hallo Leon!' und machen dann weiter. Wenn ein Kind ihn anspricht, stellt es sich kurz vor. Er ist irgendwie gleich mittendrin. „Wir haben jede Ferien ein Thema“, sagt Tanja. „Diesen Sommer ist es

Fußball, klar, weil ja Europameisterschaften sind. Wir lernen viel über die einzelnen Länder und über den Sport und wir spielen natürlich auch." Natürlich. Fußball ist bestimmt wild und gefährlich. Leon merkt, wie seine Beine wacklig werden und sein Mund ganz trocken.

Aber dann lernen sie erst mal was über die berühmte Abseitsregel, malen Fahnen der teilnehmenden Länder aus und backen Fußballkekse. Alle Kinder sind freundlich zu Leon, bis auf einen Jungen in seinem Alter. Der steht fast immer abseits und sagt kein einziges Wort. Ob er Leon nicht mag? Warum nur? Oder hat er einfach keine Lust auf das Ganze? Hatte Leon ja eigentlich auch nicht, aber bisher gefällt es ihm erstaunlich gut.

Die letzte Stunde will Tanja für ein wenig Sport nutzen. „Tut euch zu Zweit zusammen. Leon, du spielst mit Finn." Tanja schiebt ihn mit einem Ball in die Richtung des fremden Jungen. Der guckt ihn nicht mal an. „Hallo. Ich bin Leon", sagt Leon, obwohl Finn das ja nun schon weiß. „Wollen wir spielen?" Finn guckt hoch, aber irgendwie an ihm vorbei und zuckt mit den Schultern. Leon spürt, dass er sauer wird. Er will sich ja wohl keinem aufdrängen. Er kann auch gut allein spielen. Aber er soll ja mal was Neues wagen. Also tritt er vorsichtig gegen den Ball. Es fühlt sich gut an, als sein Fuß den Ball berührt und dieser genau bis zu Finn fliegt. Leon hat Lust, gleich noch einmal zu schießen. Aber erst ist Finn dran.

Der schiebt den Ball nur vorsichtig über den Rasen. Er stupst ihn echt nur mit den Zehen an. „Fester!“, feuert Leon ihn an. Finn guckt sich verlegen um und murmelt etwas, das Leon aber nicht versteht. „Was?“, fragt Leon, obwohl er ja 'Wie bitte' sagen soll. „Ich trau mich nicht fester zu schießen!“, flüstert Finn so leise, dass Leon es wieder kaum versteht. Aber er versteht etwas anderes: Finn ist nur schüchtern und vorsichtig! Er ist nicht eingebildet oder beleidigt oder unlustig. Finn ist tatsächlich schüchterner als er! Leon atmet tief durch. „Kein Problem! Ich bin auch vorsichtig und schüchtern. Trauen wir uns zusammen!“ Und das machen sie dann! Leon albert so viel herum, dass Finn ganz vorsichtig grinsen muss.

Leon macht ihm vor, wie er den Ball schießen muss, obwohl er das doch eigentlich selbst nicht weiß. Sie probieren zusammen verschiedene Schusstechniken aus und kümmern sich schon längst nicht mehr darum, ob jemand von den anderen Kindern guckt oder nicht. Leon merkt, wie viel Spaß es machen und wie befreiend es sein kann, mit voller Wucht gegen den Ball zu treten, und wie viel Geschick es erfordert, einen Kopfball zu machen und den Ball abzufangen.

Er hat so viel Spaß mit Finn, dass er schon ganz vergessen hat, ängstlich zu sein. Das Gefühl war grandios. Leon fühlte sich sehr wohl und hatte riesigen Spaß. Auch Finn gefiel es mehr als gut, obwohl er zuerst gar nicht zum Feriensport gehen wollte. „Na, Finn!“ Tanja kommt zum Abschluss zu ihnen. „Es ist super, wenn man einen so mutigen Partner wie Leon hat, was?“ Finn nickt begeistert und erzählt, dass sie schon richtig viel trainiert haben und dass er sich wahnsinnig auf den nächsten Tag freut. Leon strahlt über das ganze Gesicht und ist glücklich, dass er einen neuen Freund gefunden hat. Am Abend erzählt Leon seinen Eltern, dass er jetzt ein richtiger Fußballspieler ist und erklärt ihnen, wie man den Ball treffen muss, damit er am weitesten fliegt.

Maistadt sucht den Super-Bolzplatz

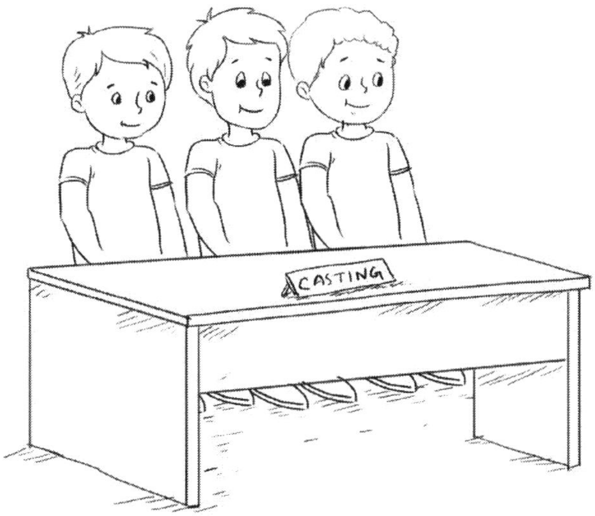

„Und das ist ein echtes Problem, Männer!“ Bobby marschiert hektisch von links nach rechts und sticht mit dem Zeigefinger in die Luft. Wenn er so aufgeregt ist, sagt er immer 'Männer' zu Tommi und den anderen von den 'Maistädtern'. Die Maistädter sind eine Fußballmannschaft. Sie spielen in keinem Verein, sondern sind ein paar Jungs aus der Nachbarschaft, die sich zusammengetan haben. In ihrem Stadtteil gibt es sonst nichts, wo für Kinder Fußball angeboten wird. Mittlerweile sind sie ein richtig tolles Team. Sie haben auch schon einige Freundschaftsspiele absolviert. Aber das ging natürlich nur, weil sie viel trainiert haben. Fast jeden Tag nach der Schule haben sie sich getroffen. Aber damit ist es jetzt leider vorbei. „Zuerst haben sie den Sportplatz dicht gemacht!“, zählt Bobby auf. „Dann wurde aus dem Spielplatz neben dem Supermarkt ein Parkplatz und auf dem Spielplatz für die Kleinen ist Ballkicken verboten.

Auf dem Schulhof dürfen wir nach Schulschluss nicht spielen, weil der Hort ihn nutzt.“ „Und bei uns im Hinterhof meckert immer der Hausmeister“, knurrt Morten. „Bei uns auch“, meint Tommi. „Ihr seht, Männer – ein echtes Problem. Wir sind elf tüchtige Jungs und wir haben einen Ball.“ Bobby hält den Lederfußball in seiner Hand wie einen Pokal hoch.

„Aber wir haben seit heute keinen Platz mehr, auf dem wir spielen können.“ Seit heute ist auch der letzte Spielplatz mit Fußballfeld nicht mehr zugänglich. Hier entstehen Eigentumswohnungen. „Ein Problem braucht eine Lösung.“ Bobby hat wieder den Zeigefinger in der Luft und fuchtelt damit herum. „Und es ist unsere Aufgabe, diese Lösung zu finden.“ Es wird mit einem Mal ganz still. Normalerweise ist es immer recht laut, wenn die Jungs zusammenkommen, aber heute hat niemand eine zündende Idee. „Niemand will uns

haben“, fasst Morten die Lage zusammen. „Wir haben doch schon überall gebettelt.“ Lutz beginnt aufzuzählen: „Beim Bauern Otto, wegen der alten Wiese, beim Kindergarten, bei den Großeltern von Bobby.... Mir fällt echt niemand mehr ein, der so viel Platz hat.“ Tommi probiert, einen Ball auf seinem Fußrücken zu balancieren und lässt seinen Blick schweifen. „Vielleicht...vielleicht kennen wir ja nicht alle Leute mit Platz. Und es gibt jemanden, der gerne will, dass wir da spielen. Wo wir nicht betteln müssen!“, ruft er aus. Seine Teamkameraden gucken skeptisch. „Und wie sollen wir die finden?“

„Wir machen einen Wettbewerb. Wie so eine Castingshow. Wir casten unseren Fußballplatz! Heute kann man doch alles so finden.“ „Das ist die Idee!“ Bobby ist begeistert. „Das machen wir. Nächsten Samstag ist großes Casting bei meinen Großeltern im Garten. Und dann finden wir unseren Traumplatz.“ Wer ein Casting veranstaltet, braucht natürlich Teilnehmer. Die müssen von dem Casting erfahren.

Bobby will seinen großen Bruder bitten, das Casting ins Internet zu stellen, aber da spielen Bobbys Eltern nicht mit. Handzettel verteilen dürfen sie aber. Tommi kann am besten malen und wird damit beauftragt, einen tollen Zettel zu entwerfen. Danach pflastern sie das gesamte Stadtviertel damit: An Laternenpfählen, die Pinnwand im Supermarkt, der Bücherei und dem Tierarzt, an Litfaßsäulen, Briefkästen,

Bushaltestellen und zu guter Letzt fragt Tommi im Altenheim nach, ob er einen Aushang machen darf. „Von den Alten hat doch keiner mehr eine eigene Wohnung!“, muffelt Lutz, aber Tommi meint: „Wer weiß!“ Samstag sind alle Maistädter schon viel früher als verabredet bei Bobby im Garten. Kichernd und

aufgeregt stellen sie einen Tisch auf den Rasen und platzierten Stühle dahinter. Es sieht hoch professionell aus – wie bei einer echten Castingshow. Ein Fußball und ein Plakat von Tommi mit der Aufschrift 'Maistadt sucht den Superplatz' gibt es auch. Aber dann wird es 15 Uhr und niemand kommt. Bobby läuft hinaus auf die Straße, um zu sehen, ob der Pappfußball mit dem Pfeil zu ihrem Haus von dem Laternenpfahl abgefallen ist – aber der hängt an Ort und Stelle. Um viertel nach drei kommt Bobbys Mutter hinaus. Sie hat ein Zitroneneis für alle Kinder mitgebracht. „Seid nicht traurig!“, meint sie. „Hier: Sauer macht lustig!“

Die Stimmung kann es aber auch nicht aufbessern. Die Jungs essen ihr Eis auf und laufen dann vor Aufregung durch den Garten. „Niemand will uns haben!“ Bobby kickt lustlos den Ball zu Tommi hinüber, als sie auf einmal das Quietschen des Gartentores hören. Mit wackeligen kleinen Schritten kommt ein alter Mann den Weg entlanggelaufen.

„Hallo Jungs, seid ihr die Maistädter Kicker?“ Sie nicken skeptisch. „Was will der alte Tattergreis?“, fragt Lutz frech. „Pscht!“, macht Tommi. „Der Tattergreis will euch ein Geschäft vorschlagen“, grinst der alte Mann. Lutz wird rot. „Wie wäre es, wenn ihr die große Wiese hinterm Altenheim zum Kicken nutzt und dafür ein wenig im Garten mit anpackt?“ Die Jungs sind baff. Dann bricht ein Freudengeheul aus! „Jetzt echt?“, fragt Tommi zur Sicherheit nochmal.

„Wollen Sie uns wirklich haben? Auch die anderen?“ „Na klar!“, lacht der alte Mann. „Wir wissen doch, wie das ist: Auch Tattergreise waren mal junge Kicker.“ Und so finden die Maistädter den weltbesten Bolzplatz an einem ganz unerwarteten Ort! Was für ein Glück!

Liam und das kleine Problem

„Ich fahr nicht mit ins Fußball-Camp!“ Mama guckt Liam ganz erstaunt an. „Und wieso nicht, wenn ich fragen darf? Alle deine Freunde fahren mit! Und ihr spielt jeden Tag Fußball. Du hast dich doch den ganzen Sommer darauf gefreut!“ Eigentlich hat Mama recht. Liam hat sich seit Beginn der Sommerferien auf das Camp gefreut. Es ist das erste Mal, dass seine Mannschaft eine solche Freizeit macht, in der letzten

Ferienwoche. Fünf Tage werden er und seine besten Freunde aus dem Team mit ihren Trainern Philipp und Maik in eine Jugendherberge in die Nachbarstadt fahren. Da gibt es einen richtig tollen Sportplatz, hat Maik gesagt. Der war da schon ein paar Mal selbst mit seiner Mannschaft. Fünf Tage Fußball spielen, mit den Jungs albern und nur Sachen machen, worauf er Lust hat – das klingt im Großen und Ganzen wirklich fantastisch.

Aber fünf Tage, das bedeutet auch vier Nächte. Vier Nächte, die Liam nicht zuhause schläft. Klar, er hat schon mal bei Oma und Opa geschlafen und auch bei Tante Bertchen, der alten Nachbarin, die manchmal auf ihn aufpasst, wenn seine Eltern auf Geschäftsreise sind oder ausgehen. Woanders schlafen, das ist aufregend, aber gut aufregend. Schön kribbelig im Bauch und irgendwie wild und verwegen.

Mit seinen Freunden aus der Mannschaft müsste das eigentlich doppelt und dreifach toll sein. Sie könnten eine Nachtwanderung machen, hat Trainer Philipp vorgeschlagen. Und eine Mitternachtsparty, hat sein Kumpel Nils geflüstert. Sie können sich Gruselgeschichten erzählen, nach Herzenslust fachsimpeln und Fußballkarten tauschen oder auf der tragbaren Konsole von Nils zocken, bis ihnen die Augen zufallen. Super! Aber es gibt ein Problem. Eigentlich ein kleines Problem. Etwa 20 Zentimeter groß. Und dieses Problem hat einen Namen: Knubbi. Knubbi ist bei Liam,

seitdem er mit drei Jahren seinen ersten Fußball geschenkt bekommen hat. Da hat er von Oma und Opa auch Knubbi bekommen: einen kleinen grauen Stoffhasen, mit Fußballtrikot und Stollenschuhen und einem kleinen Stofffußball, der mit einem Band mit Knubbis Fuß verbunden ist. Natürlich spielt Liam nicht mehr mit Knubbi. Also höchstens mal so aus Spaß. Schließlich geht er ja schon in die dritte Klasse. Aber Knubbi sitzt jeden Abend auf seinem Kopfkissen und begleitet ihn in den Schlaf. Auch zu Oma und Opa. Und zu Tante Bertchen. Ohne Knubbi kann er nicht einschlafen. Wirklich nicht.

Er hat es mal probiert, aber da musste ganz spät abends noch Tante Bertchen rüberlaufen und Knubbi aus Liams Zimmer holen. Tante Bertchen ist aber cool. Sie hat es keinem verraten. Aber ob die Jungs auch so cool sind? Mama merkt, dass Liam etwas bedrückt. Sie guckt dann immer so lieb, dass Liam gar nicht anders kann: Er beginnt zu erzählen. Erst ganz drucksig, dann immer schneller. Zum Glück lacht Mama nicht.

Sie überlegt und macht dabei ihr 'Ich denke dolle nach'-Gesicht mit Dackelfalten auf der Stirn und Zungenspitze zwischen den Zähnen. „Ich hab's!“, ruft sie schließlich triumphierend! Und dann flüstert sie Liam etwas ins Ohr. Zwei Tage später steht Liam nach einem langen, tollen Tag voller wilder Fußballmatches, einem Besuch im Kletterpark und einem leckeren Essen am Lagerfeuer mit Stockbrot und viel Limonade vor dem Stockbett, dass er sich mit Jakob teilt. Mit ihm auf dem Zimmer sind noch der laute René, Vladimir, Tobi und Norman. Sie haben sich die Schlafanzüge angezogen und sind fast bettfertig. Liam ist schon ziemlich müde, aber

trotzdem rumort es in seinem Bauch. Und daran ist nicht nur die viele Limo Schuld! Knubbi sitzt bis jetzt auf dem Boden seines Rucksacks. Zusammen mit seinem Handtuch will Liam ihn rausziehen und unauffällig ins Bett schmuggeln. Dann sieht ihn keiner und es gibt erst gar kein Gerede. Aber – oh Schreck! Trotz aller Vorsicht rutscht Knubbi Liam aus der Hand und fällt auf den Boden, direkt vor die Füße von René. „Oh, hat Baby-Liam sein Schmusebärchen mitgebracht?!“ Alle gucken und Liam fühlt, wie sein Kopf knallrot wird.

„Haha, Babykram! Wer schleppt denn noch seine Kuscheltiere mit?!“, höhnt René. Jetzt kommt zu allem Unglück auch noch Trainer Philipp ins Zimmer. „Schlafenszeit, Jungs! Was ist denn hier noch für Radau?“ „Liam hat sein Schmusebärchen mitgebracht!“, trompetet René. Norman kichert. Liam schluckt und erinnert sich an Mamas Worte. „Das ist kein Bärchen, sondern ein Hase. Und außerdem heißt er Knubbi und er ist kein Schmusebär, sondern unser Maskottchen“, sagt er mit wackeliger Stimme.

„Ja, ganz klar!“, ruft Trainer Philipp. „Mit Stollenschuhen und Ball und allem drum und dran. Ein waschechtes Maskottchen für unser Team. Fußballstark, dass du daran gedacht hast, eins mitzunehmen Liam!“ Er hockt sich auf den Boden, hebt den Plüschhasen auf, setzt ihn auf Liams Bett und stupst an den Ball. „Das bringt Glück!“, behauptet er und schüttelt dem

Hasen die Pfote. „Gute Nacht, Knubbi-Maskottchen!“ Dann dreht er sich zu den Jungs um. „Solltet ihr auch machen. Gute Nacht, Jungs!“ Und so kommt es, dass einer nach dem anderen, erst Vladimir und Tobi, dann auch Norman und schließlich auch René dem Hasen die Pfote schütteln und eine gute Nacht wünschen. Und Liam? Der weiß ohnehin, dass Knubbi ein echter Glücksbringer ist. Schließlich kann er sich jetzt ganz gemütlich an ihn kuscheln und wird wunderbar einschlafen – neben dem besten Maskottchen, dass sich eine Mannschaft nur wünschen kann.

Fußballstarke Nachhilfestunde

„Und deshalb werde ich mit deinem Trainer sprechen!“ Wenn Papa mit dieser festen Stimme redet, lohnt es nicht, zu widersprechen. Er ist ganz entschlossen und tippt hektisch eine Nachricht in sein Handy. Benni ist unglücklich. Und wütend. Und traurig. Und bockig. Und ein klein wenig schämt er sich auch. Gut, das war jetzt wieder eine glatte Fünf in Mathe. Die Englischarbeit ist auch mies ausgefallen. Aber als

Papa zur Schule gegangen ist, da gab es ja auch noch gar kein Englisch in der Grundschule. Nur Deutsch. Da hat er allerdings auch so oft die Hausaufgaben vergessen, dass es auch nicht rosig aussieht. „Wenn dir das Lernen schwerfallen würde – dann hätte ich ja Verständnis! Aber du bist einfach zu verrückt nach Fußball!“, stöhnt Papa beim Abendessen.

Er hat Benni gesagt, dass er morgen nach dem Training zur Sporthalle kommen und mit Trainer Buschmann reden wird. 'Viel Glück!', hat Benni da gedacht. Trainer Buschmann ist kein Mann großer Worte. Er redet nie viel. Und dass muss er ja auch gar nicht, wenn Papa so schrecklich sein wird und ihm vom Training abmelden will.

„Zweimal die Woche Training, am Wochenende Spiele, nachmittags bist du mit den Jungs auf dem Sportplatz oder ihr zockt diese Fußballspiele an der Konsole!“ 'Und in den Pausen trainieren wir Fernschüsse hinter dem Klettergerüst', ergänzt Benni in Gedanken, sagt es aber besser nicht. Denn auch in den Schulstunden ist er oft nicht bei der Sache, sondern denkt an Fußball. 'Wozu auch?', denkt Benni. 'Ich will Fußballer werden. Wozu brauch ich da Mathe und Englisch bitte schön?

Laufen muss ich können, schießen und Kopfbälle versenken. Das ist wichtig.' Aber auch das sagt er nicht, weil er weiß, dass Papa da wohl anderer Meinung ist. Und dass er anderer Meinung ist, das bekommt Benni am nächsten Tag mehr als deutlich mit. Sein Vater erzählt Herrn Buschmann lang und

breit, wie nachlässig Benni in der Schule geworden ist, dass er lieber kicken geht, statt Hausaufgaben zu machen und von der Fünf in Mathe. Das doofe Wort 'Sitzenbleiben' fällt und dass es Papas Aufgabe ist, dass zu verhindern. Auch wenn es bedeutet, dass Benni erst mal nicht mehr zum Training kommen darf, bis er 'seine Prioritäten richtig setzt'. Das bedeutet, dass er rausfinden soll, was wirklich wichtig ist. Aber Training ist wirklich wichtig, wenn man Fußballer werden will. Dass Papa das nicht begreifen kann. Herr Buschmann sagt wie immer nicht viel, sondern lässt Papas Wortschwall auf sich niederregnen.

Als Papas Kopf schon ganz rot ist und er nach Luft schnappt, guckt Herr Buschmann zu Benni. Benni versucht cool auszusehen, aber er muss doch ein paar Tränen wegblinzeln. Doofe Tränen. „Wenn Sie erlauben, Herr Kalden: Ich hätte da eine Idee!“, sagt Herr Buschmann dann plötzlich. Papa schaut erstaunt auf den kleinen drahtigen Mann im Sportanzug herunter.

„Ich weiß genau, was Sie durchmachen. Sie wollen Ihrem Sohn keinesfalls das Freizeitvergnügen wegnehmen!“ Papa nickt betreten, Benni fühlt, wie seine Wut im Bauch etwas weniger heiß wird. „Sie wollen aber auch, dass Ihr Sohn sich wie ein guter Schüler benimmt!“ Benni wird unter Herrn Buschmanns Blick ganz verlegen. Herr Buschmann nimmt Papa zur Seite, Benni muss warten. Als sie zusammen heimgehen, grinst Papa zufrieden. Freitag ist wieder Training und Benni hat einen Stein im Magen – bis Papa ihm beim Mittagessen sagt, dass er seine Tasche gleich nehmen soll. Er soll heute schon eine Stunde eher am Sportplatz sein. „Was? Ich darf trainieren?" ruft er begeistert. „Jawohl!", antwortet

Papa. „Wenn du ab jetzt alles trainierst. Kopf und Körper!" Am Sportplatz wartet Jakob, der Sohn von Trainer Buschmann mit einem Fußball im Arm. Jakob ist schon 18 und macht sein Abitur. Benni ist verwirrt. Will der mit ihm

kicken? Das wäre riesig, denn Jakob ist so gut, der spielt schon in der Stadtmannschaft. Jakob kommt ihm lachend entgegen: „Hi Benni. How are you? My name is Jakob.“ Benni ist verwirrt. Es stellt sich heraus, dass er mit Jakob lernen soll. Nachhilfe! Wie öde! Von wegen kicken!

„Du denkst, du brauchst das alles nicht, oder?“, grinst Jakob. Benni nickt vorsichtig. „Woher weißt du das?“ „Na, weil ich auch mal neun Jahre alt war und fußballverrückt. Das bin ich immer noch.“ Benni nickt erleichtert. Jakob versteht ihn. „Aaaaaber“, sagt Jakob und lässt Benni auf einer Bank am Spielfeldrand Platz nehmen. „Ich weiß mittlerweile, dass ich nur Fußballer werden kann, wenn ich was im Köpfchen hab. Nicht nur hier.“ Er deutet auf seine Beine.

„Wozu? Ich brauch kein doofes Englisch.“ „Wie wäre es, wenn du in der Champions League spielen könntest? Oder bei der Weltmeisterschaft?“ Bennis Herz schlägt höher. Ein Traum wäre das, ganz klar. „Ja, und was glaubst du, was da die meisten sprechen?“ Darüber hat Benni noch nie nachgedacht. „Englisch?“, fragt er zögernd. „That's right!“, bestätigt Jakob. „Sag mal, wie viele Minuten trainierst du eigentlich in der

Woche?“ Benni rechnet im Kopf alles schnell zusammen. „Und wie viele Tore schießt du pro Saison? Ich hab gehört, du bist der beste Schütze!“ Noch während Benni rechnet, fällt es ihm auf: Rechnen können ist auch beim Sport nicht verkehrt. Immer wenn Benni sich gut konzentriert, kicken sie danach eine Runde und so strahlt er bestens gelaunt, als sein Vater ihn nach dem Training abholt. „Habt ihr gut gelernt, Jakob und du?“ „Yes, Dad!“ ruft Benni und umarmt seinen Vater. „Ich freue mich schon auf die nächste Nachhilfestunde!“

Erstklassige 2. Wahl

Manuel ist traurig. Schon wieder lassen ihn Lukas und die anderen aus der Stufenmannschaft nicht mitmachen. „Guck erst mal, dass du richtig sehen kannst, Brille!“, hat Lukas gerufen und die anderen haben gelacht. Also nicht alle. Manche haben auch weggeguckt, so entschuldigend irgendwie. Aber Lukas ist der Kapitän und er bestimmt nun mal, wer mit in die Mannschaft darf. Die Lehrer sagen, dass die Schüler so lernen, Dinge unter sich zu regeln und Demokratie und so. Demokratie heißt, dass alle zusammen entscheiden. Aber bei ihnen in der Stufenmannschaft ist es eine Lukaskratie. Und Lukas will immer der Beste sein. Auch bei den Schulmeisterschaften. Deshalb will er nur 'richtige Fußballcracks'.

Manuel ist ein richtiger Fußballcrack. Aber er ist ein wenig vorsichtiger, weil er Angst hat, dass die wilden Jungs sonst bei einem Foul seine Brille kaputt machen könnten. Außerdem sind das Rennen und Gucken mit der Brille manchmal gar nicht so leicht. Ist ja nicht schlimm. Braucht man nur eine kurze Sekunde, um den Ball auch wirklich zu treffen. Aber für Lukas ist das eine Sekunde zu viel. Deshalb nennt er Manuel auch nicht bei seinem Namen, sondern Brille.

Lukas hat für alle einen Sondernamen. Klopsi für den runden Georg aus der 4b, Zwerg für den schmächtigen Lasse, das Kampfweib für Irina aus Manuels Klasse, die auch immer wieder nachgefragt hat, ob sie mitspielen kann. Manuel hockt sich an den Rand vom Schulhof auf ein Mäuerchen und lässt seinen Blick über das Meer an Kindern schweifen. In der Ecke bei den Mülltonnen kicken die beiden Neuen aus der 4b, Adil und Enis, mit einer leeren Getränkedose. Das ist eigentlich verboten. Also das Trinken aus Dosen, nicht das Spielen. Die beiden sind richtig gut. Aber sie sind erst seit kurzer Zeit in Deutschland und sprechen die Sprache noch nicht richtig und

Fußballschuhe oder einen eigenen Ball haben sie auch nicht. Deshalb hat Lukas sie nicht mal eines zweiten Blickes gewürdigt. Manuel beobachtet die zwei jetzt genauer: Sie sind wirklich klasse. „Besser als der große Lukas, oder?“, hört er da eine Stimme von links. Er schaut auf. Irina! „Wollen wir mal fragen, ob wir mitmachen können?“ Manuel zögert. Er? Als zweite Wahl? Einfach jemanden fragen? „Na komm! Ich habe dich im Sportunterricht gesehen! Ich weiß, dass du gut bist“, meint Irina und stupst ihn an. „Ich habe auch einen Ball mitgebracht.“ Sie rennt los zur Garderobe und Manuel ist allein. Soll er es wagen?

Da sieht er Georg. Der schaut sehnsüchtig zu Lukas. Mit einem Mal beginnt es in Manuel zu brodeln. Es kann doch nicht sein, dass so viele Kinder Lust auf Fußball haben, aber nicht spielen können, weil einer bestimmt, dass sie nur die 2. Wahl sind. Entschlossen setzt er sich in Bewegung. Als Irina mit dem Ball zurückkommt, wartet eine ganze Gruppe auf sie: Adil und Enis, Georg, Lasse, Manuel natürlich und noch ein paar andere. Sie sind eine richtige Mannschaft!

Zuerst traut sich keiner so richtig, aber schließlich nimmt Adil beherzt den Ball von Irina auf und schießt zielsicher zwischen die beiden Mülltonnen am Ende des Schulhofs. „Tor!“, brüllt der schmale Lasse begeistert und reißt die Arme in die Luft! Ab da ist der Bann gebrochen und die Kinder spielen, bis es zur nächsten Stunde klingelt. Auch in der nächsten großen Pause und am nächsten Tag finden sie sich wie von selbst auf dem Pausenhof zusammen. Die Freude wird erst getrübt, als sich ein paar Tage später Lukas vor Manuel aufbaut: „Na, ihr Loser? Macht ihr ein bisschen Restekicken?“ „Von wegen, Restekicken. Wir spielen einfach. Lass uns doch in Ruhe“, zischt Irina und stellt sich neben Manuel. „Von wegen spielen. Ein Rollmops, eine Brille, ein Kampfweib, ein abgebrochener

Gartenzwerg und noch ein paar Opfer fallen über den Ball“, höhnt Lukas. Adil und Enis gucken verwirrt zwischen Manuel und Lukas hin und her. Sie verstehen nicht genau, was los ist. Aber dass es nichts Nettes ist, was Lukas da sagt, verstehen auch sie schon. „Wenn wir gegen euch gewinnen – lässt du uns dann zufrieden?“ Noch während Manuel das sagt, bereut er es.

Lukas ist der beste Spieler der Schule und die Mannschaft ist richtig stark. Und sie waren überhaupt nicht gut. Ja, eben nur die 2. Wahl. Lukas lacht sofort laut los. Laut und böse sagt er: „Einverstanden! Das wird ein Spaß! Nächste Woche Sonntag hier auf dem Hof! Um drei Uhr!“ Manuel und den anderen hat es die Sprache verschlagen. Sie sagen nichts mehr und sehen wie sich Lukas siegessicher umdreht und geht.

Die nächsten Tage verbringen Manuel und die anderen Kinder jede Sekunde miteinander. Sie spielen und üben, aber es gibt keinen Chef. Lasse ist super im Tor und Georg kann richtig schnell rennen. Die anderen haben auch einige starke Eigenschaften. Alle können einander etwas zeigen und sich gegenseitig helfen. Und so tritt am Sonntag eine erstaunlich mutige Truppe rund um Manuel zum entscheidenden Spiel an: Klassenmannschaft gegen die 2. Wahl.

Während Lukas verbissen allein hinter dem Ball herrennt und seine Mitspieler anbrüllt, kicken sich Manuel und die anderen mit Leichtigkeit die Bälle zu und halten zusammen. Manuel bemerkt, dass die Spieler aus der Klassenmannschaft sauer auf Lukas werden. Sie wollen sich nicht anbrüllen lassen. Sie wollen einfach nur Fußball spielen, aber den Ball bekommen sie von Lukas kaum. Der will immer alles allein machen. Die Klassenmannschaft ist zerstritten und bekommt nichts hin. Manuel erkennt die Chance und passt den Ball über die Verteidiger hinweg zu Irina. Mit einem erstklassigen Schuss gelingt ihr kurz vor dem Ende das 1:0. Als das Spiel zu Ende ist, schleicht Lukas wütend vom Platz, aber die 2. Wahl jubelt: Sie sind einfach erstklassig. Das freut auch die anderen Kinder aus der Klassenmannschaft.

Volltreffer für die Miesmuschel

Es könnte alles so schön sein. Daniels Mannschaft hat wieder ein spannendes Spiel gewonnen, der Trainer ist zufrieden mit ihnen und alle Eltern, Freunde und andere Zuschauer haben Daniel und sein Team hochleben lassen. Trainer Bode und sein jüngerer Hilfstrainer Calvin loben hier und da einen Spieler, der seine Sache richtig gut gemacht hat. Auch Dennis hat heute ein tolles Lob erhalten, wie gut er die Bälle der gegnerischen Mannschaft gehalten hat. Also: Es könnte alles so schön sein. Aber es gibt eine Sache, die Daniel das Ganze vermiest. Beziehungsweise eher eine Person: Schmidti. Schmidti heißt eigentlich Herr Schmidt, aber so nennt ihn wirklich niemand. Selbst Trainer Bode rutscht manchmal ein Schmidti heraus.

Schmidti ist ein kleiner älterer Herr, der im immer gleichen grünen Trainingsanzug über den Platz schlurft und für Ordnung sorgt. Er ist der Platzwart des Vereins und irgendwie immer da. Er markiert das Spielfeld vor den Spielen und murrt dabei in sich hinein, dass die Jungs alles so schnell wegtrampeln. Er ist der Herrscher über die Schlüssel für das Vereinsheim und die Umkleiden und mosert genervt, dass er endlich heim will, wenn die Siegesfeiern mal länger dauern.

Er mäht den Rasen und ist ganz erpicht darauf, dass der so grün und stark wie möglich wächst. Er repariert kleinere und größere Dinge und beginnt jedes Mal, wenn man ihn ruft mit der alten Leier: „Wir haben uns früher noch mehr Mühe mit unseren Sachen gegeben. Da ging fast nie etwas kaputt. Wir haben öffentliches Eigentum noch respektiert." Und dann meckert er weiter, während er ans Werk geht. Auch heute kann Daniel sich nicht einfach freuen und Chili futtern und feiern, denn er sieht aus einem Augenwinkel den grünen Trainingsanzug nahen, mitsamt einem wütenden Schmidti drin. Der

trägt einen kleinen Müllsack und klaubt Pappteller und Servietten auf. Kevin bemerkt seinen Blick: „Der olle Schmidti, was? Immer am meckern. Dem geht's auch nur gut, wenn er schlechte Laune haben kann." Daniel denkt darüber nach. Ob Schmidti wirklich immer gerne schlechte Laune hat?

Grübelnd hockt er sich unter den Kuchentisch, um etwas Ruhe zu haben. „Jaja, feiert nur. Lasst euch durch mich nicht stören. Ich räume ja nur hier auf.“ Er hörte mit einem Mal das leise Gemoser des Platzwartes. 'Der klingt ja fast so wie ich, als ich nicht bei Jakobs Geburtstagsfeier mit dabei sein durfte', denkt er. Das ist nicht gut, denn er weiß noch genau, wie er sich damals gefühlt hatte.

Sein großer Bruder wollte keine 'Babys' bei seiner Feier dabeihaben. Und dann hat Mama Daniel auch noch gebeten, den Kuchen zu servieren. Ausgeschlossen gefühlt hat er sich. Als wolle ihn keiner dabeihaben. Ob Schmidti sich auch ausgeschlossen fühlt? Daniel dachte bisher immer, er wäre so miesmuschelig, weil er keine Menschen mag. Aber vielleicht mag er ja auch nur keine Menschen, weil er denkt, die mögen ihn nicht.

Uff, das ist alles kompliziert. Er muss mit seinem Team darüber reden. Gemeinsam bekommen sie alles in den Griff. Selbst einen miesmuscheligen Platzwart! In der kommenden Woche wartet Daniel bis zur Mitte des Trainings. In der Zeit verschwindet Schmidti meist irgendwohin und kommt erst wieder zum Ende zum Vorschein, um aufzuräumen. Daniel erzählt von seiner Befürchtung und selbst die Trainer nicken. „Daniel, da sprichst du etwas ganz Wichtiges an. Fußball ist ein Mannschaftssport. Bei uns sind alle wichtig. Ihr bekommt die Jubelrufe auf dem Spielfeld und bei uns bedanken sich

eure zufriedenen Eltern. Aber Schmidti... ich meine Herr Schmidt, der wird für selbstverständlich genommen. Wir erwarten einfach, dass alles sauber und heil ist. Und das ist nicht sehr sportlich.“ Es ist mucksmäuschenstill auf dem Platz. „Wie können wir es besser machen?“ Schließlich meldet sich Daniel – etwas unsicher, weil er sonst nicht viel sagt. „Wie wäre es, wenn wir Schmi... Herrn Schmidt feiern? Also, so dass er sieht, dass er der Star ist." „Das ist eine gute Idee!" Trainer Bode klatscht in die Hände. „Wichtig ist nur, dass das keine einmalige Sache ist, sondern wir uns auch danach immer wieder klarmachen, dass Herr Schmidt ein Teil vom Team ist."

„Ja, nur wer leise ist, will ja trotzdem gehört werden", murmelt Daniel, der selbst ja eher still ist. Trainer Bode klopft ihm auf die Schulter. „Du sagst heute verflixt kluge Dinge, Junge." Und so kommt es, dass 13 Jungs, 2 Trainer und viele Eltern still und heimlich ein großes Fest vorbereiten, so richtig mit Torte, Ballons, Luftschlangen und so alter Musik, die Schmidti mag und allem Drum und Dran.

Als der Platzwart am kommenden Samstag auf der Bildfläche erscheint, erstarrt er in der Bewegung. „ÜBERRASCHUNG!" rufen alle und klatschen in die Hände (Konfetti werfen sie keins, logisch!). Herr Schmidt ist zuerst ganz verdutzt, dann breitet sich ein Lächeln auf seinem Gesicht aus. Erst ganz ungeübt und schräg, aber als Trainer Bode erklärt, dass es ein Fest zu Ehren des Platzwarts ist und sie alle seine Arbeit so zu schätzen wissen, da nistet sich das Lächeln in Herrn Schmidts Mundwinkeln ein. Die Kinder sind ganz verblüfft. Der Platzwart kann lachen. Daniel lag anscheinend genau richtig mit seiner Einschätzung. Von nun an helfen sie ihm beim Sauberhalten des Platzes und geben ihm stets die Wertschätzung, die er verdient.

Das Vorweihnachtswunder

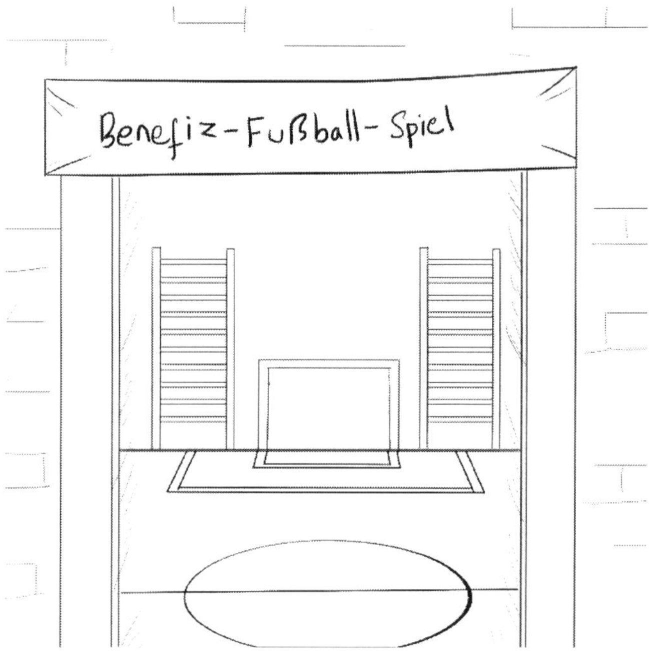

„Menno! Was machen wir denn jetzt?!" Victor ist klar, dass er sich grade anhört wie sein kleiner Bruder, wenn der quengelig wird, aber es ist ja auch verzwickt: Genau jetzt ist ihr Torwart Paul auf dem Weg zur Turnhalle auf einer gefrorenen Pfütze ausgerutscht und umgeknickt. Die ganze Veranstaltung hatten sie wochenlang geplant: Statt einer Weihnachtsfeier wollte die

Fußballmannschaft von Victor ein Benefizspiel gegen die Schulmannschaft der benachbarten Grundschule spielen. Es sollte Kinderpunsch und einen Kuchenverkauf geben. Das gesammelte Geld sollte dem Tierheim gespendet werden, als Nikolausgeschenk. Schließlich können auch die Tiere mal eine tolle Überraschung gebrauchen, oder?

Aber dann ist alles schiefgelaufen: In der letzten Woche sind nacheinander Michi, Hakan und Tilo krank geworden. Zum Glück hat ihre Mannschaft einige Reservespieler, aber es gibt eben nur einen Torwart. Und der hat sich jetzt der Länge nach hingelegt. Es ist wohl nichts gebrochen, wie Trainerin Maja sagt, aber Pauls Vater will zur Sicherheit doch lieber einmal ins Krankenhaus fahren.

Natürlich ist Victor erleichtert, dass Paul nichts Schlimmeres passiert ist. Aber nach all den Ereignissen der letzten Tage verlässt ihn jetzt doch der Mut: Die Kekse sind ihnen zwei Mal angebrannt und so ist nur eine kleine Auswahl für den Kuchenverkauf zustande gekommen, die ohne die Kuchen von Trainerin Maja und den Eltern von einigen Mitspielern sehr mager aussehen würde. Die Musikanlage hat gestreikt, so dass notgedrungen Pedro und Luki zu ihren Flöten gegriffen haben und jetzt mehr oder minder schief 'Stille Nacht, heilige Nacht' tröten – und das zum 8. Mal hintereinander, weil sie noch nicht mehr Lieder spielen können. Der Punsch ist etwas zu zuckrig geraten und klebt an der Zunge und wegen des

Glatteises wäre um ein Haar die gegnerische Mannschaft nicht gekommen. Die ist jetzt zum Glück eben mit einem Kleinbus auf den Parkplatz der Schule gerollt. Aber es haben sich leider auch weniger Besucher eingefunden und die Spendenbüchsen sind noch recht leicht. Als Kapitän der Mannschaft soll Victor jetzt außerdem eine Notlösung aus dem Hut zaubern. Die Jungs gucken schon ganz unruhig und Leon ist kurz davor, nach Hause zu gehen. „Das bringt doch eh nichts mehr. Wie sollen wir denn spielen ohne Torwart?“ ruft er aus und die anderen nicken.

„Wartet doch mal! Mir fällt schon was ein!“, bittet Victor. Ihm muss einfach was einfallen. Das schöne Benefizspiel darf nicht ins Wasser beziehungsweise eher dem Glatteis zum Opfer fallen. Aber woher sollen sie auf die Schnelle einen Torwart nehmen? Trainerin Maja kann leider nicht einspringen. Die ist auch krank und muss sich schonen.

Victor sieht den Kapitän der gegnerischen Mannschaft auf sich zukommen. Jörn ist ein ganz toller Spieler und immer freundlich. Victor mag ihm gar nicht sagen, dass sie umsonst gekommen sind. Schnell schnappt er sich einen Ball und geht damit einen Gang entlang in Richtung Toiletten. Hier hat er seine Ruhe und kann nachdenken. Das kann er am besten, wenn er einen Ball vor sich her kicken kann. Eigentlich darf man das im Schulhaus ja nicht, aber es ist eine dringende Ausnahme. Jawohl! Das ihm aber auch nicht einfallen will, wie er die Situation lösen kann. Ein Wunder bräuchte er jetzt. Ein echtes Vorweihnachtswunder. Unzufrieden holt Victor ein klein wenig zu fest aus und donnert volle Kanne gegen den Ball. Der wiederum fliegt mit einem geraden Schuss direkt auf die Tür der Lehrertoilette zu – die in der Sekunde geöffnet

wird. Au backe! Victor hört einen kleinen Aufprall, einen Mann erschrocken „Huch!“ rufen und schließt die Augen. Von wegen Vorweihnachtswunder – jetzt kommt das dicke Ende! Aber statt einer wütenden Stimme hört er ein „Gehalten!“ Aus der Toilettentür tritt ein alter Mann, mit weißem Rauschebart, schweren schwarzen Stiefeln, einem roten Mantel und seinem Ball in den Händen. „Gehört der dir?“, fragt er freundlich. Victor starrt den Mann an. „Sie haben den einfach so gehalten?“ „Tja, beim FC Nikolaus bin ich nun mal Torhüter!“ gluckst der Mann.

Victor guckt skeptisch. Er weiß nicht, wer von den Erwachsenen einen Nikolaus eingeladen hat, aber das ist auch egal: Dieser hier scheint ein echter Glücksgriff zu sein. „Würden Sie... also... wollen Sie... könnten Sie...?“ „Na, was denn mein Junge? Euch bei eurer kleinen Notlage helfen?“ Victor kommt aus dem Staunen nicht mehr heraus. „Ein Nikolaus weiß alles!“, beantwortet der Mann seine unausgesprochene Frage.

„Und deshalb weiß ich, dass euch ein Torwart fehlt. Selbstredend. Ich bin dabei. Wir wollen doch nicht, dass das Benefizspiel ausfallen muss.“ Und so kommt es, dass Victor und der neue Torhüter gemeinsam pünktlich zu Spielbeginn in die Halle laufen. Es wird ein wildes Spiel und ein gutes Spiel und obwohl es unentschieden ausgeht, sind am Ende alle zufrieden – ganz besonders die Leiterin des Tierheims. Die kann nun doch mit erstaunlich vollen Spardosen zu ihren tierischen Schützlingen gehen. Victor will sich noch rasch beim Nikolaus bedanken – aber der ist verschwunden. „Komisch!", meint Maja. „Von uns hat niemand einen Nikolaus eingeladen. Was für eine seltsame Geschichte." Keine seltsame Geschichte, denkt Victor. Bloß ein kleines, feines Vorweihnachtswunder, das bestens halten kann.

Einfach gut

Lars ist sich nicht sicher, ob das eine gute Idee ist. Mama und Papa meinen, es wäre prima für ihn. Schließlich hat er zuhause auch immer gespielt. Eigentlich spielt er Fußball, seitdem er denken kann. Und er kann es gut. Es gibt da nur ein Problem: Zuhause, in seiner alten Mannschaft, waren alle irgendwie so wie er. Und hier, in dem kleinen Dorf, das seit diesem Sommer sein Zuhause ist, da gibt es keine Extramannschaft, sondern nur eine einfache Dorfjugend für die Grundschüler aus der Gegend. Und Lars weiß ja, wie das mit anderen sein kann. Er kennt die Blicke. Er kennt die Sprüche. Und auch, wenn das schon immer so war und auch, wenn Fußball ihm das Allerliebste auf der Welt ist, weiß er nicht, ob er das aushält.

Aber Mama und Papa haben schon recht. Die ganzen Sommerferien über hat er zuhause herumgesessen. Er hat ein wenig den Garten erkundet und natürlich selbst etwas gekickt, aber größtenteils hat er sich gelangweilt. „Ich habe den Nachbarn von schräg gegenüber heute beim Bäcker getroffen“, sagt Papa am letzten Wochenende vor Schulbeginn. „Sein Sohn Max war über die Ferien bei seiner Mutter, aber er kommt heute wieder.

Max ist auch 9 Jahre alt, wie du und er spielt hier in der Dorfjugend. Herr Burmahn meinte, du könntest bestimmt mal mit hingehen und dir alles anschauen. Soll ich mal beim Trainer anrufen? Herr Burmahn hat mir die Nummer gegeben.“ Lars merkt, wie es in ihm erwartungsvoll zu kribbeln beginnt. Sein Körper will am liebsten gleich loslaufen und einen großartigen Schuss machen. Einen dramatischen

Fallrückzieher oder einen klasse Kopfball mitten ins Tor! Aber da ist auch das mulmige Gefühl im Bauch. Schließlich ist die Sehnsucht aber so groß, dass er am nächsten Tag – es ist ein Sonntag – mit dem Nachbarsjungen auf dem Sportplatz erscheint. Es sind noch immer fast 30 Grad, aber Lars lässt

seine lange Hose lieber an. Max ist total nett und ebenso fußballverrückt wie er selbst. Sie haben sich so viel zu erzählen, dass Trainer Matthias einen strengen Blick rüberschicken muss. Da grinsen sie, als wären sie schon jahrelang Freunde. Auch die anderen sind riesig nett. Lars darf gleich mittrainieren und er freut sich, als die anderen staunen, mit welcher Wucht er schießen kann. Es ist gar nicht schlimm, dass Lars sich nicht so gut und schnell beugen kann. Nach dem Training humpelt er leicht. Das war nach der langen Pause etwas viel. Aber er darf und will wieder kommen.

Er ist jetzt stolzes Mitglied der Dorfjugend und auch in der Schule keinen Tag allein. Vor allem Max und er verbringen jede freie Minute zusammen und haben immer riesig Spaß. In ein paar Wochen soll er schon beim Herbstturnier mitmachen und freut sich total – bis eines Tages in der Schule ein großer Junge auf ihn zukommt. „Uff, Uwe, der Stänkerer. Das ist der Kapitän der Mannschaft, gegen die wir spielen werden. Was will der denn?“ murmelt Max und dreht sich zu Uwe um.

Der geht aber an ihm vorbei, direkt zu Lars. „Naaaa, Humpelbein! Willst du deine neue Mannschaft ins Unglück stürzen und mitspielen?“ fragt Uwe mit einer ganz fiesen Stimme. So falsch-freundlich. „Oder sollten Freaks wie du besser am Spielrand sitzen bleiben?!“ Er tut so, als wäre er besorgt um Lars. Dem ist gleichzeitig heiß und kalt. Seine Fäuste sind so geballt, dass er zittert, aber er bringt keinen Ton heraus. „Na, was ist? Will der Freak mich treten? Kannst du das überhaupt?“, frotzelt Uwe und dreht sich zu den anderen Kindern um: „Achtung! Humpelbein wird wild!“ Noch bevor Lars was hervorbringen kann, steht Max bei ihm. „Lass gut

sein, Uwe!“ Plötzlich tauchen auch Kilian, Fritz, Bodo und all die anderen aus der Dorfjugend auf. „Wir klären das auf dem Platz, Uwe! Da wirst du ja sehen, was Lars alles kann!“ sagt Kilian ruhig. Er ist der älteste der Dorfjugend und geht schon in die 4. Klasse. „Du wirst dich wundern!“ Bodo klopft Lars auf die Schulter. „Lars ist prima!“ „Genau! Er spielt toll und er ist ein netter Kerl! Kannst du dir vielleicht noch was abgucken.“ Auch Max legt seine Hand auf Lars andere Schulter. Das fühlt sich gut an. Stark und zusammengehörig.

„Pah, zu feige, um für sich zu sprechen, was? Dann fang ich eben an.“ Uwe holt aus und tritt Lars vor's Schienenbein. Die Welt steht kurz still und keiner sagt ein Wort. Uwe verzieht das Gesicht, Tränen schießen ihm in die Augen. Lars verzieht nicht mal das Gesicht. Ihm hat der Tritt vor das Schienbein gar nicht weh getan. Plötzlich fängt er laut zu lachen an. Und mit ihm die gesamte Mannschaft.

„So eine Beinprothese kann ganz schön hart sein, was? Besser, du legst dich nicht mit Freaks wie mir an!“, lacht er und krempelt seine Hose hoch. Er zeigt Uwe seine Beinprothese. „Das ist ein künstliches Bein aus Carbon“; sagt er. „Ich habe gerade erst eine neue Prothese bekommen. Da ich jedes Jahr größer werde, bekomme ich regelmäßig eine größere.“ Uwe ist still. Er weiß gar nicht, was er sagen soll. Er schämt sich und rennt weg. Lars ist glücklich darüber, dass seine neuen Freunde zu ihm gehalten und ihm den Rücken gestärkt haben. Und dem gemeinen Uwe hatte er es gezeigt. Der wird so schnell keinen Ärger mehr machen.

Tierischer Spielspaß

Na toll! Mona und Mirko sitzen auf der Rückbank und kichern in sich hinein. Die Zwillinge sind 7 Jahre alt, also nur zwei Jahre jünger als Jannik. Trotzdem benehmen sie sich ständig wie Babys und Mama fällt drauf rein. Sie haben so lange gejammert, bis Mama zugestimmt hat, dass sie in den Ferien auf den Erlebnis-Bauernhof fahren. Auf dem waren die Zwillinge nämlich bei einem Kindergeburtstag. Voll der

Babykram, findet Jannik. Er wäre am liebsten ins Fußballcamp gefahren, aber das ist dieses Jahr zu teuer, meint Mama. Eine Woche Bauernhof ist aber drin. Jetzt fahren sie in ein ödes Dorf auf diesen öden Bauernhof, um dort die ödeste Ferienwoche aller Zeiten zu verbringen.

Jannik ist ohnehin schon nicht gut gelaunt. Seit fünf Wochen ist Trainingspause bei seinem Verein und er langweilt sich eh schon. „Warte es erst mal ab!“, hat seine Mutter gemeint. „Vielleicht erlebst du ja eine Überraschung und es wird richtig schön!“ Blödsinn. In der Sekunde, in der Jannik aus dem Wagen aussteigt, bestätigen sich seine schlimmsten Befürchtungen: Es riecht streng. Es gibt nichts zu sehen außer Weiden und Wald und Stallungen.

Außer ihnen sind nur noch zwei weitere Familien mit noch kleineren Kindern da. Mit denen wollen nicht mal die Zwillinge spielen. Aber die haben ja auch einander. Jannik hat niemanden außer seinen Fußball. Den hält er im Arm, seit sie von daheim losgefahren sind. Mama stellt sie bei den Gastgebern vor. Herr Huber guckt Jannik prüfend an. „Schau, da hinter der Scheune, da ist die Koppel vom Jockel. Da kannst du gern spielen“, erlaubt er gutmütig. Jannik nickt ihm dankbar zu. Keine Ahnung wer Jockel ist, aber solange ihn alle in Ruhe lassen, wird es schon gehen. Den Nachmittag verbringt er auf der Wiese und kickt den Ball. Abends im Bett

denkt er: 'Nur noch 6-mal schlafen.' Den folgenden Tag verschwinden die Zwillinge direkt nach dem Frühstück. Sie haben eine Reitstunde. Jannik hat dazu keine Lust. Er findet die großen Pferde auch ein wenig unheimlich, aber das muss ja keiner wissen. „Mein Sohn hat nur Fußball im Kopf!“, hat seine Mutter gelacht. Sie wollte mit ihm baden gehen, aber schließlich hat sie erlaubt, dass er wieder spielen darf. Jannik schnappt sich seinen Ball und schlüpft wieder unter dem Zaun hindurch auf die Koppel. Sie ist riesig. Ganz am Ende befindet sich neben zwei Bäumen ein Unterstand.

Den könnte er als Tor benutzen und Fernschüsse üben. Er kneift die Augen zusammen und holt dann Anlauf. Ein satter gerader Schuss. Super! Der Ball landet direkt im Unterstand. Ein komischer Schrei ertönt. Jannik gefriert fast das Blut in den Adern. Dann fliegt der Ball aus dem Unterstand. Wie ist das möglich? Jannik kann gar nicht richtig Luft holen.

Er glaubt nicht an Geister, klar. Aber unheimlich ist das Ganze jetzt doch, oder? Eigentlich will er nicht weglaufen, aber dann rennt er doch von der Koppel. Beim Abendessen überlegt er nachzufragen - aber die Zwillinge plappern eh so viel, dass man ohnehin nicht zu Wort kommt. „Alles okay, Großer?!“, fragt Mama dann aber doch und Jannik nickt nur. Abends im Bett denkt er 'Nur noch 5-mal schlafen.' Und dann 'Wie komme ich an meinen Ball?' Die halbe Nacht hat er überlegt, aber als er sich am nächsten Morgen wieder unter dem Zaun durchzwängt und den Unterstand beobachtet schlägt ihm das Herz bis zum Hals. Sein Ball ist weg. Ob Geister Fußball spielen? Er sucht die ganze Koppel ab, aber der Ball bleibt

verschwunden. Naja, er sucht fast die ganze Koppel ab. Um den Unterstand macht er einen großen Bogen. Er hat Angst dort hineinzugehen. Am nächsten Morgen fasst Jannik aber neuen Mut. Er hat sich heimlich die Kindertaschenlampe der

Zwillinge gemopst – damit sieht man auch im dunkelsten Unterstand gut und eventuelle Gespenster kann man mit Licht bestimmt in die Flucht schlagen. Und dann wird er seinen Ball wiederkriegen. Tapfer schleicht sich Jannik an das Holzgebäude heran. Da hört er ein komisches Geräusch. Ein Schnauben, dann einen dumpfen Schlag und sein Ball kullert aus dem Unterstand auf die Wiese.

Macht sich da jemand über ihn lustig? Spielen ihm die Zwillinge einen Streich? Zögernd geht er näher an den Außenstall und leuchtet hinein. Zwei große blanke Augen gucken ihn an. „I-AAAAA!“, schallt ihm entgegen. Ein Esel! „Wie ich sehe hast du Jockel endlich kennengelernt!“, erklingt da eine Stimme. Herr Huber! „Der Jockel spielt ebenso gerne Ball wie du. Vielleicht könnt ihr mal zusammenspielen.“

Macht Herr Huber Witze? Jannik hat das schon mal bei Freunden auf dem Handy in einem Video gesehen. Aber in echt? Vorsichtig kickt er den Ball in Richtung Esel. Der hüpft so plötzlich los, dass Jannik erschrickt, und stupst den Ball zurück. Der Esel blökt begeistert. Jannik muss lachen und kickt den Ball nun richtig. Und so spielen sie tatsächlich auf der Koppel zusammen Esel-Fußball. Sicher ist Jannik der Einzige in seinem Team, der den Sommer über mit einem tierisch guten Partner gekickt hat! Einfach unvergesslich diese Ferien auf dem Bauernhof.

Selbst ist der Mann

Gerrit holt Anlauf, läuft los, täuscht an. Der Torwart der gegnerischen Mannschaft wirft sich in die linke Ecke vor's Tor, Gerrit wechselt blitzschnell die Richtung, zielt, schießt und „TOOOOOOOOOOOOOOOOOOOOR!“ Die Menge jubelt, seine Teamkollegen kommen angelaufen, heben ihn auf die Schultern und lassen ihn aus voller Kehle hochleben! In letzter Sekunde hat er den alles entscheidenden Elfmeter versenkt. „Gerrit!“ Mamas Stimme dringt von unten die Treppe hinauf. „Gerrit!“ Der Pokal erscheint riesengroß auf dem Bildschirm, aber Mamas Rufen stört den Triumph. „Gerrit!“ Mit einem Mal steht seine Mama im Zimmer. Missbilligend zeigt sie auf die Konsole in seiner Hand. „Hockst du schon wieder an dem Teil? Draußen scheint die Sonne!“ Ja und? Das sieht Gerrit selbst. Ist sie dafür extra hochgekommen?

„Du verbringst viel zu viel Zeit vor dem Ding.“ Nicht die gleiche Leier wie immer. Gerrit verdreht die Augen. Aber statt wie sonst das Gleiche zu sagen, setzt Mama sich einfach neben ihn. „Was machst du da denn eigentlich?“ Gerrit guckt verwundert. „Was ich spiele?“ „Ja, genau!“ „Na Fußball!“ Jetzt strahlt Gerrit. Er liebt Fußball. Gemeinsam mit Opa hat er jedes Spiel im Fernsehen geschaut und manchmal sind sie sogar ins Stadion gefahren.

Aber jetzt wohnt Opa auf irgendeiner kleinen Insel im Mittelmeer und genießt die ach so tolle Sonne. Und hat ihn allein gelassen. „Seitdem Opa nicht mehr da ist, habe ich dich gar kein Spiel mehr anschauen gesehen“, meint Mama. „Ich wusste gar nicht, dass du dich noch dafür interessierst." Pfft. Natürlich interessiert sich Gerrit noch dafür. Er weiß, welcher Spieler gerade die meisten Tore geschossen hat, welche Mannschaft den besten Verteidiger hat und welcher Trainer sich bald nach einem neuen Job umgucken sollte. Aber ohne

Opa macht es keinen richtigen Spaß mehr. Das war ihr Ding! Es fühlt sich nicht richtig an, ohne ihn ein Spiel zu schauen. Aber Computerspielen ist okay, da hat Opa nie mitgemacht. Mama hat jetzt ihren komischen Mutterblick drauf. Einen von der Sorte, der in einen reingeht und so komisch im Innersten rumwühlt. Das ist fast ein wenig unheimlich. Aber auch praktisch, wenn man nicht die richtigen Worte finden kann. „Du vermisst den Opa sehr, oder?“ Gerrit zuckt mit den Schultern. „Und bist du auch ein wenig böse? Du weißt, dass er uns nicht verlassen hat?! Aber es geht ihm gesundheitlich einfach besser in einem milden Klima.“

Jaja, das hat Gerrit alles schon gehört. Weiß er. Will er ja auch glauben. Aber trotzdem tut das alles so weh. „Vielleicht bist du auch ein wenig allein, so ohne Opa...Schau mal, ich weiß, dass ich mich nicht so gut als Fußballkumpel eigne...“ Jetzt müssen sie beide grinsen. „Aber vielleicht gibt es ja jemand anderen, mit dem du diese Leidenschaft teilen kannst.“ Mama überlegt.

„Und vielleicht hast du ja sogar Lust, mal selbst aktiv zu werden? Das ging mit Opa ja nicht mehr so gut....aber du könntest das doch definitiv mal ausprobieren, oder? Selbst ist der Mann.“ Wovon redet Mama? „Na, Fußballspielen, du Nuss!“ lacht sie, als sie Gerrits fragenden Blick sieht. Sie streicht ihm über das Haar. „Und zwar nicht am Bildschirm. Sondern so richtig, mit Ball und Tor und Netz.“ Dann lässt sie ihn allein. Gerrit denkt über ihre Worte nach. Mit Opa und seiner schlechten Gesundheit war nie im Traum daran zu denken, dass sie selbst mal einen Ball schießen. Sie haben immer nur anderen dabei zugeschaut. Und jetzt schaut Gerrit kleinen Männchen auf seinem Bildschirm dabei zu, wie sie

den Ball über das Grün kicken. Er hat sich nie gefragt, ob er das nicht auch selbst mal tun könnte – aber es sieht schon spannend aus und auch nach jeder Menge Spaß. Ob er es ausprobieren sollte? Am nächsten Tag nimmt er sich den Ball von Opa aus dem Regal und fragt Mama, ob er in den Park gegenüber vom Haus gehen darf. Den Ball hat Opa ihm geschenkt. Es haben richtige Fußballstars darauf unterschrieben. Deshalb ist er auch nur zum Angucken. Aber Gerrit hat das aufregende Gefühl, dass er jetzt lange genug geguckt hat. Er will selbst etwas tun. Er will mit dem Ball Fußballspielen. Selbst ist der Mann! Er schnappt sich sein Fahrrad und klemmt den Ball auf den Gepäckträger.

Im Park kommt er sich zuerst irgendwie fehl am Platz vor. Klar weiß er, wie man spielt und welche Regeln es gibt und welche Tipps und überhaupt. Aber selbst einen Ball schießen...das ist neu. Zögerlich tippt er das Leder mit seiner Fußspitze an. Es ist überraschend hart. Als er dagegentritt, tut es fast ein wenig weh. „Wenn du so von der Seite dagegenhältst, klappt es besser!“, sagt da jemand.

Am Weg neben der Wiese steht ein Junge mit einem Rad. Gerrit kennt ihm vom Sehen, denn er ist vor ein paar Wochen in ein Haus am Ende der Straße gezogen. „Danke“, sagt Gerrit. „Ich spiele heute das erste Mal.“ „Echt?“, staunt der Junge. Gerrit hat Angst, dass er ihn auslachen wird. „Wie toll ist das denn?! Darf ich mitmachen?“ „Klar!“ Und so kommt es, dass Gerrit nicht nur das erste Mal selbst einen Ball kickt, sondern auch einen echten Fußballfreund findet! Die beiden Jungs spielen den ganzen Nachmittag im Park. Triumph auf ganzer Linie! Als Gerrit wieder zuhause ist, erzählt er seiner Mutter von dem tollen Erlebnis und wie viel Spaß es ihm macht selbst Fußball zu spielen. Für morgen hat er sich gleich wieder mit seinem neuen Freund im Park verabredet.

Die Rettung

Jetzt ist genau das passiert was nicht passieren sollte. Er hat den schönen neuen Fußball von Luke, seinem älteren Bruder, genommen. Und jetzt hat er Bauchweh. Den ganzen Nachmittag schon. Als Luke beim Kaffeetrinken Mama fragt, ob sie seinen Ball gesehen hat meint sie, dass er den Ball bestimmt bei seinem besten Freund vergessen hat. Am Abend kommt Luke aber mit leeren Händen nach Hause und schaut ganz traurig. Beim Abendbrot fragt Luke Mucki argwöhnisch, ob er seinen Ball genommen hat. „Ach komm, Luke, du hast doch selbst gesagt, dass der Ball tabu für Mucki ist. Das weiß dein Bruder doch“, hat Papa das einseitige Gespräch unterbrochen und Mucki damit gerettet. Klar weiß Mucki das. Klar hat Luke das gesagt und trotzdem hat Mucki es einfach gemacht: Er hat Lukes neuen Fußball genommen.

Den schönen neuen schwarz-weißen Fußball aus echtem Leder und mit dem Autogramm von Rudi Renner, dem stadtbekannten Fußballprofi. Luke hat den Ball zu seinem 11 Geburtstag bekommen und hütet ihn wie einen Schatz. Mucki hat nur diesen ollen Plastikball mit dem aufgedruckten Muster in Schwarz-Weiß. Tagelang hat Luke angegeben, wie toll sich der Ball schießen lässt und wie viel besser es sich damit spielt – aber ausprobieren durfte Mucki es nicht.

„Du Anfänger schießt ihn doch nur rüber zum ollen Kolle – und dann sehe ich ihn nie wieder“, hat Luke gesagt. Mucki wollte „Gar nicht wahr“ rufen – aber es stimmt schon. Zwei, drei oder auch vier Bälle sind schon bei dem Nachbarn gelandet. Frau Bergmann, die Nachbarin auf der anderen Seite bringt die dann mit einem Lächeln an den Zaun. Sie dürfen auch selbst rüber gehen und den Ball zurückholen – aber in Herr Kollmanns Garten war noch nie einer von ihnen. „Ist doch schön, wenn das Gekicke mal eine Pause hat!“, hat er gelacht, als Mucki das erste Mal an der Haustür stand und

seinen Ball holen wollte. Und ganz fies geguckt – danach hat Mucki sich nicht mehr rüber getraut. Und jetzt ist es passiert und Lukes Ball, der wunderprächtige Ball mit Rudis Autogramm liegt in dem geheimnisvollen Garten von Herrn Kollmann. Muckis Bauchweh wird immer größer. Der Kakao wollte schon nicht rutschen und das Bananenbrot mag er gar nicht erst probieren. „Alles in Ordnung?“ Mama guckt ihn forschend an. Ne, nix ist in Ordnung. Aber das kann er jetzt nicht allein lösen. Er braucht seine Mannschaft: Olle, Mohammed, Tomaz, Bente und Ismail wissen bestimmt, was zu tun ist. Sie werden ihm helfen!

Am nächsten Tag treffen sich die sechs Jungen nicht wie sonst zum Kicken, sondern sie schmieden einen Plan, einen echten Fußballrettungsplan. Bente klettert am besten und steigt bei Mucki in den Kirschbaum, so dass er in Kolles Garten gucken kann. „Die Bälle liegen alle neben der Terrasse – in einer Reihe!“ ruft er herunter. Olli und Tomaz klingeln bei Herrn Kollmann und tun so als wären sie von der Schülerzeitung und als wollten sie eine Umfrage machen. Damit halten sie ihn vom Garten fern und lenken ihn ab, falls Mucki länger brauchen sollte als geplant.

Mohammed und Ismail stehen abwechselnd im Tor und sind die besten Ballfänger der Klasse. Sie biegen die Sträucher der Hecke auseinander, die Muckis Garten von Herrn Kollmanns Garten trennt. Sie strengen sich mächtig an, so dass ein ganz schmaler Spalt entsteht. Durch den drückt Mucki sich. Es piekst und kratzt, aber dann fällt er aus dem Grün in einen piekfeinen Garten. „Der Kollmann schneidet seinen Rasen auch mit der Nagelschere!“, sagt Papa immer. Das heißt, dass Herr Kollmann pingelig ist. Aber jetzt ist das nur von Vorteil,

weil alles gut zu sehen ist. Bente gibt aus der Höhe Anweisungen, aber Mucki sieht die Bälle sowieso sofort. Einen nach dem anderem kickt er im hohen Bogen zu dem Loch in der Hecke, Lukes Lederball zuerst. Ismail und Mohammed greifen sie flink aus der Luft und werfen sie rüber in Muckis Garten. Einer nach dem anderen wandert so wieder hinüber. Die Jungs sind ein eingespieltes Team und es geht ganz leicht. Da ertönt ein Pfiff! Kollmann im Anmarsch! Blitzschnell schnappt Mucki sich den letzten Ball und rennt los – kehrt dann aber nochmal zurück und legt eine Plastiktüte neben die Terrasse. Sieben kleine Schokofußbälle sind drin und ein Zettel „Als Austausch. Vielen Dank!" Schließlich soll man ja immer höflich sein und Papa sagt, eine gute Nachbarschaft ist wichtig. Drüben in Muckis Garten laufen alle Jungs aus der Mannschaft zusammen. Sie klatschen sich alle ab und stimmen ein wildes Gejubel an. Dann spielen sie ausgelassen ein tolles Match.

Tabea Désirée Bringewatt

2022

THIER
MEDIA
VERLAG

Printed in Poland
by Amazon Fulfillment
Poland Sp. z o.o., Wrocław
15 January 2024

3f2254f5-694c-4b8a-b994-8833c3cfaf7fR01